HÉNIN-LIÉTARD

COLLECTION

D'ANTIQUITÉS

de feu M. GODRON-TERNINCK

CATALOGUE

HÉNIN-LIÉTARD
IMPRIMERIE ET LITHOGRAPHIE PLOUVIER-DEKINDT
22, Rue de la Gare, 22
— 1900 —

Étude de M⁰ Adrien BUTRUILLE, notaire à Hénin-Liétard.

VILLE D'HÉNIN-LIÉTARD

RUE DE LA GARE

Au domicile de feu Monsieur GODRON-TERNINCK

VENTE aux enchères publiques

DE LA

COLLECTION D'ANTIQUITÉS

de Monsieur GODRON-TERNINCK

COMPRENANT NOTAMMENT :

FAIENCES & PORCELAINES ANCIENNES

de Rouen, Moustiers, Sinceny, Lille, Saint-Amand, Delft, Desvres, Nevers, Strasbourg, Lunéville, Saint-Omer, etc., etc.

PORCELAINES

de Tournay, de Chine, du Japon, et autres

GRÈS

de Flandres et de diverses provenances

Meubles Anciens en Chêne sculptés

tels que : Beaux Bahuts, Coffres à Bois, Armoires, Consoles' Table, Lit Louis XV, Fauteuils ; le tout des époques de la Renaissance, Louis XIII, Louis XIV, Louis XV et Louis XVI

ET QUANTITÉ D'AUTRES OBJETS

Les **LUNDI 25** et **MARDI 26 JUIN 1900** et jour suivant s'il y a lieu, à une heure de l'après-midi, M⁰ BUTRUILLE, notaire soussigné, procédera à ladite vente, au domicile sus-indiqué de feu M. Godron, assisté de M. CARLIER, antiquaire-expert à Lille.

Les Catalogues seront distribués chez M⁰ BUTRUILLE et M. CARLIER

Exposition publique : le Dimanche 24 Juin, de 10 heures du matin à midi, et de 2 heures à 6 heures du soir.

CONDITIONS DE LA VENTE

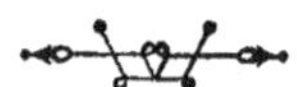

Elle aura lieu au comptant.

Les acquéreurs paieront 10 °/₀ en sus des prix d'adjudi-cation applicables aux frais.

L'expert chargé de la vente, se réserve la faculté de réunir ou de diviser les lots.

Il remplira les commissions des personnes qui ne pourraient y assister.

L'ordre numérique du catalogue ne sera suivi à aucune vacation.

En cas de contestation sur une enchère, l'objet sera remis immédiatement en vente.

Une exposition ayant mis les amateurs à même de se rendre compte de l'état des objets, il ne sera admis aucune réclamation après l'adjudication.

VILLE D'HÉNIN-LIÉTARD

Collection de feu Monsieur GODRON-TERNINCK

CATALOGUE

Moustiers

1. Très grand plat rond, décor bleu.
2. Deux assiettes, même décor, à diviser.

Rouen

3. Très belle soupière ovale et son plat à la corne tronquée.
4. Soupière ronde à la double corne.
5. Grand plat rond à la double corne.
6. Plat ovale à la double corne.
7. Plat ovale plus petit à la double corne.
8. Plat rond à la double corne.
9. Grand plat rond à la corne tronquée.
10. Jolie bannette à anses, bord festonné, décor au carquois; belle qualité.
11. Plat rond à la double corne.
12. Petit plat à la corne.
13. Petit plat ovale à la corne.
14. Très belle assiette dite au carquois.
15. Jolie coquille à bord festonné, même décor.
16. Coquille à la corne.
17.   id.   id.
18. Assiette   id.
19.   id.   id.
20.   id.   id.
21.   id.   id.
22.   id.   id.

23. Fontaine à la corne.
24. Huilier porte-burettes à la pagode.
25. Grand pot à la double corne.
26. Petit sucrier à poudre ; magnifique décor polychrome.
27. Fontaine, décor bleu.
28. Grand plat,   id.
29. Bassin de bidet, décor bleu.
30. Autre décor polychrome.
31. Petite fontaine, décor polychrome.
32. Couvercle de soupière à la corne.
33. Huilier porte-burettes, décor polychrome.
34. Jardinière porte-fleurs.
35. Deux plats Sinceny, couverte brune.
36. Grand plat rond, décor polychrome.
37. Grand plat ovale,   id.

Sinceny

38. Pot et cuvette, décor polychrome.
39. Petite théière, décor au chinois.
40. Pot, décor polychrome.
41. Bénitier, décor bleu.
42. Pot à la corne, décor polychrome.
43. Encrier forme cœur,   id.
44. Moutardier,   id.
45. Petite coquille,   id.
46. Horloge.
47. Assiette, décor polychrome.
48. Assiette, décor varié.
49.   id.   id.
50. Saladier, décor polychrome.
51.   id.   id.
52. Assiette.   id.
53.   id.   id.
54. Saladier,   id.
55.   id.   id.   à la corne.
56. Assiette,   id.
57. Fragment d'encrier, décor polychrome.
58. Salière,   id.
59. Assiette,   id.
60-61. Deux assiettes,   id.
62. Beau pot,   id.
63.   id.   id.
64.   id.   id.
65. Encrier,   id.
66.   id.   id.
67.   id.   id.

68. Couvercle de soupière, décor polychrome.
69. Plat ovale,   id.
70. Assiette,   id.
71.   id.   id.
72. Saucière à anses,   id.
73. Petit crachoir,   id.

Lille

74. Très beau pot décoré d'oiseaux.
75. Autre pot, sur la panse : St Sébastien.
76.   id.   avec les armes de France et inscriptions.
77.   id.   décor polychrome.
78. Huilier porte-burettes, décor bleu.
79. Pichet, bonne femme, décor polychrome.
79 bis. Pichet, grand'père,   id.
80. Grand plat, décor à la tulipe.
81. Assiette,   id.
82.   id.   id.
83.   id.   id.
84.   id.   id.
85. Deux assiettes, décor à la guirlande.
86. Grand plat creux. dans le fond, corbeille fleurie.
87. Assiette décorée d'oiseaux.
88. Grand vase à fleurs, décor bleu.
89. Deux autres vases à anses, décor bleu.
90. Grand vase à fleurs,   id.
91. Deux cache-pots,   id.
92. Pot,   id.
93. Grande potiche à tabac, forme tonneau et portant l'inscrip-
     tion : Tabac de St Domingue, décor polychrome. Pièce
     très intéressante surtout comme dimension.
94. Très belle assiette, décor polychrome.
95. Autre assiette faisant pendant.
     Malheureusement ces deux spécimens très rares de notre
     fabrication de Lille, sont restaurés.
96. Grand plat, décor polychrome.
97.   id.   id.
98. Assiette,   id.
99.   id.   id.
100. Grand plat,   id.
101. Autre faisant pendant, décor polychrome.
102. Grand plat,   id.
103.   id.   id.
104. Pot,   id.
105. Assiette,   id.
106. Plat,   id.

107. Autre faisant pendant, décor polychrome.
108. Plat,   id.

Saint-Amand

109. Assiette, décor bleu à rehauts blancs.
110.   id.   faisant pendant.
111.   id.   même décor.
112.   id.   décor polychrome à rehauts blancs.
113.   id.   faisant pendant.
114.   id.   décor polychrome à rehauts blancs.
115.   id.   décor bleu à rehauts blancs.
116. Très beau plat, décor polychrome à rehauts blancs.
117. Plat, décor bleu à rehauts blancs.
118.   id. faisant pendant.
119. Trois assiettes à bouquets rouges.
120.   id.   id.
121. Huilier porte-burettes, décor polychrome.
122. Beau plat ovale à rehauts blancs.
123. Assiette, décor polychrome.
124. Grand plat, décor vert.
125. Quatre assiettes à bouquets rouges.

Desvres

126. Plat aux armes de France, avec inscription : Vive la Nation,
     décor polychrome.
127. Assiette, même décor.
128. Dix plats, décor polychrome, à diviser.
129. Plat au cavalier Pandore.
130. Plat, décor bleu.
131. Plat à la dame à la fleur.
132. Plat, décor polychrome.
133. Dix plats, décor polychrome, à diviser.
134. Trois assiettes,   id.
135.   id.   id.
136. Saladier,   id.
137. Plaque avec le portrait de Louis XVI, légende datée de 1793,
     décor polychrome.
138. Deux plats polychromes.
139.   id.   id.
140. Six plats.   id.
141. Dix plats avariés.
142. Dix autres.
143. Sept plats et assiettes.

Strasbourg

144. Sucrier à poudre, décor polychrome.
145. Porte-bouquets,   id.
146. Plat ovale,   id.
147. Pot,   id.

Nevers

148. Quatre assiettes, décor polychrome, à diviser.
149. Assiette patriotique.
150. Deux assiettes décorées d'animaux.
151. Jardinière.
152. Tonnelet avec inscription, décor polychrome.
153. Autre.

Lunéville

154. Assiette ajourée, au chinois, décor polychrome.
155. Plat ovale avec oiseaux,   id.
156. Plat au chinois,   id.
157. Petit lion.   id.

Saint-Omer

158. Assiette, décor manganèse.
159.   id.   id.
160. Pot à rehauts blancs.
160 bis. Autre.
161. Trois assiettes à rehauts blancs, à diviser.

Marseille

162. Assiette, décor polychrome.
163. Huilier,   id.

Ferrière

164. Statuette polychrome portant deux salières.
165. Une autre tenant un moutardier.
166. Plat avec drapeaux, fleurs de lys et inscription : Vive le Roi, en relief.
167. Assiette avec armoiries.

Bruges ou Bruxelles

168. Très belle soupière figurant un chou.
169. Assiette, décor polychrome, fleurs.
170. Une autre.

Delft polychrome

171. Assiette au coq.
172. Une autre.
173. Plat à godrons, au centre : un amour.
174. Petit lion tenant un cartouche.
175. Plat.
176. Plat.
177. Assiette.
178. Assiette faisant pendant.
179. Assiette.
180. Assiette, faisant pendant.
181. Belle assiette representant un enfant dans son berceau et
     une femme debout, avec inscription datée de 1748.
182. Très belle assiette.
183. Pendant de la précédente.
184. Assiette au coq.
185. Autre faisant pendant.
186. Grand plat décoré de vases, potiches et objets d'ameu-
     blements.
187. Petit compotier, décor à la corbeille.
188. Grand plat.
189. Assiette.
190.   id.
191.   id.
192.   id.
193.   id.   représentant le prince d'Orange.
194.   id.
195.   id.   avec cavalier.
196.   id.   avec canard.
197.   id.   id.
198.   id.   id.
199. Grand plat aux cœurs.
200. Très beau plat.
201. Grand plat.
202.   id.
203. Une petite vache.
204. Une autre.

Delft bleu

207. Assiette.
208. Une autre faisant pendant.
209. Petit plat à godrons.
210. Grand plat.
211.   id.   à ombilic, aux cœurs.
212. Plat.

213. Pendant.
214. Deux petits plats creux.
215. Grand plat.
216.   id.
217.   id.
218.   id.
219.   id.
220.   id.
221.   id.
222.   id.   à ombilic.
223.   id.
224.   id.
225.   id.
226.   id.
227.   id.
228.   id.
229. Petite assiette.
230. Assiette.
231.   id.
232.   id,
233.   id.
234. Légumier.
235. Assiette.
236.   id.
237.   id.
238.   id.
239.   id.
240.   id.
241.   id.
242.   id.
243. Petit pichet.
244. Un autre.
245. Vase de pharmacie.
246. Petit plat.
247.   id.
248.   id.
249. Petite potiche.
250. Grand plat.
251.   id.
252.   id.
253.   id.
254.   id.
255.   id.   faisant pendant.
256.   id.
257.   id.
258.   id.
259.   id.

260. Grand plat.
261.   id.
262. Petit plat.
263.   id.
264.   id.
265. Assiette.
266. Plat.
267. id.
268. id.
269. Garniture de cinq pièces.
270. Un bol.
271. Petit pichet.
272. Grand plat.
273. Une théière.
274. Plat.
275. id.
276. id.
277. Assiette.
278.   id.

Wedgwood ?

281. Petit pot.
282. Six tasses et soucoupes.

Faïences hispano-mauresques et autres terres vernissées et diverses

283. Plat.
284. id.
285. Gourde terre vernissée avec inscription.
286. Bénitier à double cuvette.
287. Grand plat avec cette inscription : « Quand ce coq chantera, mon amour finira. »
288. Plat avec oiseau.
289. Petit plat creux avec inscription.
290. Écuelle à anses, dans le fond une dame.
291. Une écuelle.
292. Sucrier, fleurs en reliefs.
293. Petite écuelle avec personnages.
294. Une autre.

Grès de Flandres et autres, faïences. etc.

295. Une grande gourde.
296. Une bouteille figurant une dame, curieuse.
297. Grande cruche.
298. Cruche Renaissance.

299. Une autre, émail bleu et violet, provenant de la vente De-
     marquette, à Harnes.
300. Une cruche.
301. Jolie cruche à boutons.
302. Petite cruche.
303. Grande cruche avec armoiries, provenant de l'Abbaye
     d'Hénin-Liétard.
304. Une cruche.
305.   id.   avec mascaron.
306.   id.   à boutons.
307. Une petite cruche Renaissance.
308. Cruche avec danse de paysans sur la panse et inscription,
     rare.
309. Une cruche.
310.   id.
311.   id.
312. Une fromagère, faïence de Douai.
313. Un plateau ovale, même provenance.
314. Plateau italien, dans le fond, un amour.
315. Terre cuite, personnage assis, signée : Louis Darras.
316. Cafetière et sucrier garnis en argent, époque Louis XVI ;
     faïence de St-Esprit.
317. Carreau vernissé avec sujet, provenant d'un poêle.
318. Grand saladier, faïence anglaise.
319. Deux cruches.
320. Une autre émaillée en bleu, anse étain.
321.   id.   id.   id.
322. Deux pots, grès modernes.
323. Un encrier et un vase.
324. Deux cruches avariées.
325. Varia.

Porcelaine et verrerie

326. Japon. Quatre assiettes, décor bleu.
327.   id.   id.   id.
328.   id.   Deux compotiers   id.
329.   id.   Un compotier et une assiette, décor bleu.
330. Chine. Une assiette, famille rose.
331.   id.   id.   id.
332. Mennecy. Assiette à bouquets roses et bordure vannerie.
333. Arras. Assiette à côtes, décor manganèse.
334. La Courtelle, assiette à bouquets roses.
335. Tournay. Très belle assiette, à guirlande torsadée, bleu et or,
     dans le fond, un cartouche à nœud avec gerbe d'or ; d'une
     conservation irréprochable.
336. Tournay. Une assiette identiquement semblable.

337. Japon. Petite potiche, décor bleu très fin.
338. Chine. Quatre assiettes, famille rose, dite au rouleau.
339. id. Cinq assiettes, famille rose, bord festonné.
340. id. Cinq assiettes, famille rose.
341. id. Trois assiettes, id.
342. id. Trois assiettes, id.
343. id. Trois assiettes, même famille, décor varié.
344. Japon. Trois assiettes, décor polychrome varié.
345. Chine. Petite garniture, potiches, famille rose.
346. id. Trois bols, décor polychrome.
347. id. Grande potiche à personnages, famille verte.
348. id. Théière, décor oiseaux et papillons, famille verte.
349. id. Une semblable.
350. id. Soucoupe.
351. id. Théière.
352. id. Chimère, émail blanc.
353. Chine. Statuette grés émaillé.
354. id. Deux jolies potiches modernes.
355. Japon. Garniture de cinq pièces, moderne.
356. Sèvres. Moutardier avarié.
357. Lille. Cafetière à bouquets roses.
358. Chine. Cinq petites tasses, coquille d'œuf.
359. Japon. Deux bois polychromes, belle qualité.
360. id. Deux autres.
361. Chine. Deux magots.
362. Porcelaine de Paris. Service composé de : une cafetière,
    une théière, un sucrier, bol, pot au lait et douze tasses ;
    décor paysages.
363. Huilier cristal avec burettes.
364. id. id. sans burettes.
365. Deux verres à vin hollandais.
366. Tournay. Légumier, décor bleu à l'épi.
367. id. Plat ovale, même décor.
368. id. Saucière et son plateau, même décor.
369. id. 3o assiettes, même décor.
370. id. Plat rond, id.
371. id. Soupière, décor à l'abeille.
372. id. Petite cafetière, même décor.
373. id. 9 Assiettes id.
374. id. 4 Assiettes à côtes, bord festonné.
375. id. Grand bol aux cinq bouquets.
376. id. 2 moutardières, même décor.
377. id. 2 plats octogones, id.
378. id. 2 plats ovales, dont un petit, même décor.
379. id. 2 assiettes, soucoupe et sucrier, id.
380. id. 3 id. à côtes, id.
381. id. 1 compotier.

382. Tournay. 1 plat rond,   même décor.
383.   id.   5 petits plats ronds,   id.
384.   id.   1 plat à côtes, bordure vannerie, même décor.
385.   id.   6 petits plats ronds,   id.
386.   id.   3o assiettes,   id.
387.   id.   1 compotier octogone,   id.
388.   id.   1 plat ovale,   id.
389.   id.   1 assiette aux mille côtes,   id.
3go.   id.   Lot varia.
3g1. Arras. Grand plat rond à la guirlande, décor bleu.
3g2.   id.   Soupière et son plat, même décor.
3g3.   id.   Trois assiettes, décor bleu à bouquets
3g4.   id.   Une saucière et son plateau, id.
3g5.   id.   id.   id.   id.
3g6. Mennecy. Deux pots à pommade, décor bleu.
3g7. Arras. Quatre crémiers à la guirlande.

Divers et objets omis

3g8. Six verres gravés, époque Louis XVI.
3gg. Deux carreaux céramiques, décor manganèse.
4oo. Cinq carreaux céramiques, décor bleu.
4o1. Six plats ronds à filets, étain.
4o2. Trois plats ovales id.   id.
4o3. Dix assiettes,   id.   id.
4o4. Deux chandeliers, cuivre.
4o5. Une bassinoire,   id.
4o6. Deux chandeliers Louis XIII, cuivre.
4o7. Un porte-montre.
4o8. Deux chandeliers, cuivre repoussé.
4og. Le crucifiement, bas-relief, étain,
41o. Noix de coco, sujet religieux, finement sculpté.
411. Une statuette, cuivre.
412. Médaillon en bronze, portrait de Mionnet, conservateur du
     cabinet des médailles.
413. Médaillon en bronze, portrait de Marceline Valmore.
414. Joli coffret-pupitre, sculpté par Bayard, garni en velours à
     l'intérieur, avec les accessoires.
415. Vierge assise tenant l'enfant Jésus (mauvais état).
416. Deux montants sculptés, têtes d'anges, et chûte de fruits,
     chêne.
417. Un panneau, Renaissance.
418. Grand plat de cuivre repoussé, sujet Teniers, moderne.
419. Un autre faisant pendant.
42o. Piédestal en bois, forme carrée, avec 24 carreaux enchâssés.
421. Un autre semblable.
422. Un bénitier faïence de Douai, époque Louis XVI.

423. Statue de saint Joseph, bois peint.
424. Lot de signets anciens.
425. Lot de monnaies et objets trouvés dans un tombeau.
426. Deux grandes empreintes du sceau de Marie-Thérèse, circ.
427. Deux semblables.
428. Chape en soie, époque Louis XIV.
429. Coupon de soie, époque Louis XVI.

Meubles anciens

430. Coffre à bois sculptés, chêne.
431. Grande table Louis XIV, sculptée, chêne.
432. Armoire de cuisine à trois portes, avec moulures, chêne.
433. Console Louis XV, sculptée, chêne.
434. Grand buffet à trois portes, Louis XIV, sculpté, chêne.
435. Bahut sculpté, chêne.
436. Très beau meuble Renaissance, avec vitres, sculpté, avec cariatides et tiroirs, chêne.
437. Horloge, gaîne sculptée Louis XIV, chêne.
438. Grand et beau meuble Renaissance, à deux corps, la partie supérieure en retrait, avec entablement supporté par deux jolies colonnes ; la partie inférieure à deux portes, montants et tiroirs sculptés, chêne.
439. Potière Louis XIII, jolie frise et têtes d'anges finement sculptées, chêne.
440. Encoignure Louis XIV.
441. Belle glace Louis XIII, cadre à compartiments, doré et sculpté, hauteur 1^{m}50, largeur 0^{m}80.
442. Commode Louis XIV, avec ses cuivres et marbre.
443. Bahut à trois portes parquetées, têtes de lion et tiroirs sculptés, chêne.
444. Grand meuble Louis XIII, palissandre, à quatre portes, avec montants ornés de têtes et chûtes de fruits d'une belle exécution.
445. Deux grands fauteuils Louis XIV, sculptés.
446. Deux fauteuils Louis XV, garnis en tapisserie.
447. Glace style Louis XIII à biseau, cadre en cuivre repoussé.
448. Une semblable mais plus petite.
449. Bahut à deux portes et tiroirs sculptés ; le dessus formant étagère est entièrement sculpté et de l'époque Louis XIII, chêne.
450. Console Louis XVI, sculptée, avec marbre.
451. Horloge hollandaise.
452. Trois fauteuils Louis XVI, garnis en soie.
453. Deux bergères, même époque.
454. Ecran Louis XVI, sculpté, avec tapisserie à personnages.

455. Chiffonnier en noyer, même époque.
456. Grand lit Louis XV, peint en blanc, sculpté et capitonné en toile brodée.
457. Table de nuit, sculptée, même époque.
458. Petite table Louis XV.
459. Console Empire à colonnes ornées de bronze, avec marbre, noyer.
460. Deux gravures dont une représentant des batailles, cadres à nœud Louis XVI, dorés.
461. Gravure en couleur : le marchand d'opiat, par Augustin Legrand, avec marge, bonne conservation et rare en cet état.
462. Petite broderie sur papier, cadre doré.
463. de Darbois, deux peintures, faisant pendant, d'après Meissonier, cadres dorés.
464. Peinture sur bois, sujet religieux avec légende.
465. Photographie d'un tableau de Meissonier, sous verre.
466. Sujet religieux, peinture sur toile, cadre sculpté.
467. Peinture sur toile, vue prise à Versailles.
468. Genre Teniers, buveurs et danseurs, Toile.
469. Portrait de femme,   id.
470. Peinture sur toile, portrait de St-Vincent de Paule ?
471. Tête de vieillard.
472. Peinture sur toile, portrait présumé de Monseigneur de Partz de Pressy, évêque de Boulogne.
473. Fleurs et fruits, peinture signée : M. Van Dorne.
474. Ch. Levasseur, Antiochus dicte ses dernières volontés, gravure sous verre.
475. Fleurs et papillons, toile.
476. G.-G. Wincler, gravure sous verre.
477. J.-C. Schwab, l'appas trompeur, gravure sous verre.
478. Suruque fils. Le Jeu de l'Oye,   id.
479. Deux peintures sur verre.

www.ingramcontent.com/pod-product-compliance
Lightning Source LLC
Chambersburg PA
CBHW070719160726
47998CB00025BA/1430